škola - sakola	2
putovanje - lalampahan	5
transport - transportasi	8
grad - kota	10
krajolik - pamandangan	14
restoran - restoran	17
supermarket - supermarkét	20
napitci - inuman	22
jelo - dahareun	23
seosko gazdinstvo - pertanian	27
kuća - imah	31
dnevna soba - rohang tamu	33
kuhinja - dapur	35
kupaonica - kamar ibak	38
dječija soba - kamar budak	42
odjeća - acuk	44
ured - kantor	49
gospodarstvo - ékonomi	51
zanimanja - pagawéan	53
alati - alat	56
glazbeni instrument - alat musik	57
zoološki vrt - kebon binatang	59
šport - olahraga	62
aktivnosti - aktivitas	63
obitelj - kulawarga	67
tijelo - awak	68
bolnica - rumah sakit	72
hitni slučaj - darurat	76
zemlja - Bumi	77
sat - jam	79
tjedan - minggu	80
godina - taun	81
oblici - bentuk	83
boje - warna-warna	84
suprotnosti - sabalikna	85
brojevi - angka-angka	88
jezici - basa-basa	90
tko / što / kako - saha / naon / kumaha	91
gdje - di mana	92

Impressum
Verlag: BABADADA GmbH, Nedderfeld 112 , 22529 Hamburg
Geschäftsführer / Verlagsleitung: Harald Hof
Druck: Books on Demand GmbH, In de Tarpen 42, 22848 Norderstedt

Imprint
Publisher: BABADADA GmbH, Nedderfeld 112 , 22529 Hamburg, Germany
Managing Director / Publishing direction: Harald Hof
Print: Books on Demand GmbH, In de Tarpen 42, 22848 Norderstedt

škola
sakola

- učionica / rohang kelas
- dijeliti / bagi
- 186/2
- ploča / papan
- školsko dvorište / pakarangan sakola
- učitelj / guru
- papir / kertas
- pisati / nyerat / nulis
- kemijska olovka / kalam
- pisaći stol / méja gawé
- ravnalo / jidar
- knjiga / buku
- učenik / murit

torba
tas sakola

pernica
wadah potlot

grafitna olovka
potlot

šiljilo za olovke
rautan potlot

gumica za brisanje
pamupus

blok za crtanje
kertas gambar

crtež
gambar

kist
kuas cét

kutija s bojama
kotak cét

makaze
gunting

ljepilo
lém

bilježnica
buku latihan

domaći zadatak
péér

broj
angka

sabirati
nambahkeun

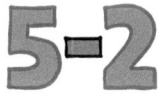
oduzimati
kurang

množiti
kali

računati
ngitung

slovo
surat

abeceda
alpabét

riječ
kecap

škola - sakola

tekst téks	čitati maca	kreda kapur

sat palajaran	dnevnik daptar	ispit ujian

svjedodžba sértipikat	školska uniforma saragam sakola	obrazovanje atikan

leksikon énsiklopédi	sveučilište univérsitas	mikroskop mikroskop
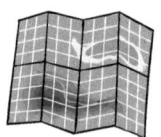		
karta peta	košara za papir wadah runtah	

škola - sakola

putovanje
lalampahan

hotel
hotél

prenoćište
hostél

mjenjačnica
kantor pertukaran mata uang

kofer
koper

auto
mobil

jezik
basa

da / ne
muhun / henteu

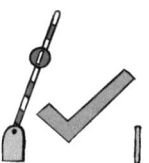

okay
oké

zdravo
hei

prevoditelj
panarjamah

hvala
hatur nuhun

putovanje - lalampahan

Koliko košta...? | ne razumijem | problem
sabaraha hargana...? | abdi teu ngartos | masalah

dobro veče! | Dobro jutro! | Laku noć!
Wilujeng wengi! | Wilujeng siang! | Wilujeng wengi!

doviđenja | smjer | prtljaga
mugi patepang deui | arah | bagasi

torba | ruksak | gost
kantong | ransel | tamu

soba | vreća za spavanje | šator
rohang | kantong saré | tenda

putovanje - lalampahan

turističke informacije   plaža   kreditna kartica
informasi wisata   pantai   kartu krédit

doručak   ručak   večera
sarapan   dahar beurang   dahar peuting

karta za vožnju   dizalo   poštanska markica
tikét   lift   perangko

granica   carina   ambasada
wates   cukai   kedutaan

viza   putovnica
visa   paspor

putovanje - lalampahan

transport
transportasi

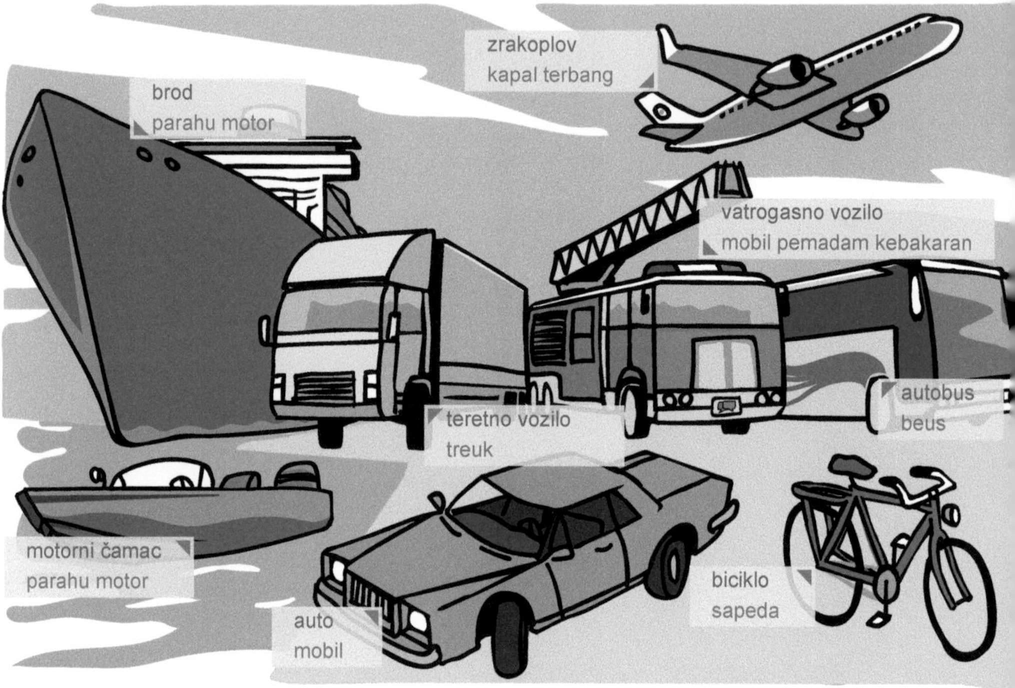

- zrakoplov / kapal terbang
- brod / parahu motor
- vatrogasno vozilo / mobil pemadam kebakaran
- teretno vozilo / treuk
- autobus / beus
- motorni čamac / parahu motor
- auto / mobil
- biciklo / sapeda

trajekt
kapal féri

čamac
parahu

motocikl
sapeda motor

policijski auto
mobil pulisi

trkaći auto
mobil balap

iznajmljeno auto
mobil nyéwa

dijeljenje automobila	vučno vozilo	vozilo za odvoz smeća
mobil babarengan	treuk dérék	treuk runtah

motor	benzin	benzinska postaja
motor	bahan bakar	bénsin

 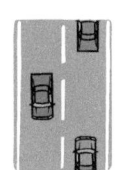 

prometni znak	promet	zastoj
tanda lalulintas	lalulintas	macét

parkiralište	kolodvor	šine
parkir mobil	stasiun karéta	trék

 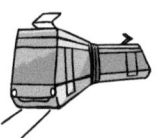 

vlak	tramvaj	vagon
karéta api	tram	garobag

transport - transportasi

helikopter	zrakoplovna luka	toranj
hélikopter	bandara	munara

putnik	kontejner	karton
panumpang	konténer	karton

kolica	košara	uzletjeti / sletjeti
troli	karanjang	terbang / landas

grad
kota

selo	centar grada	kuća
kampung	tengah kota	imah

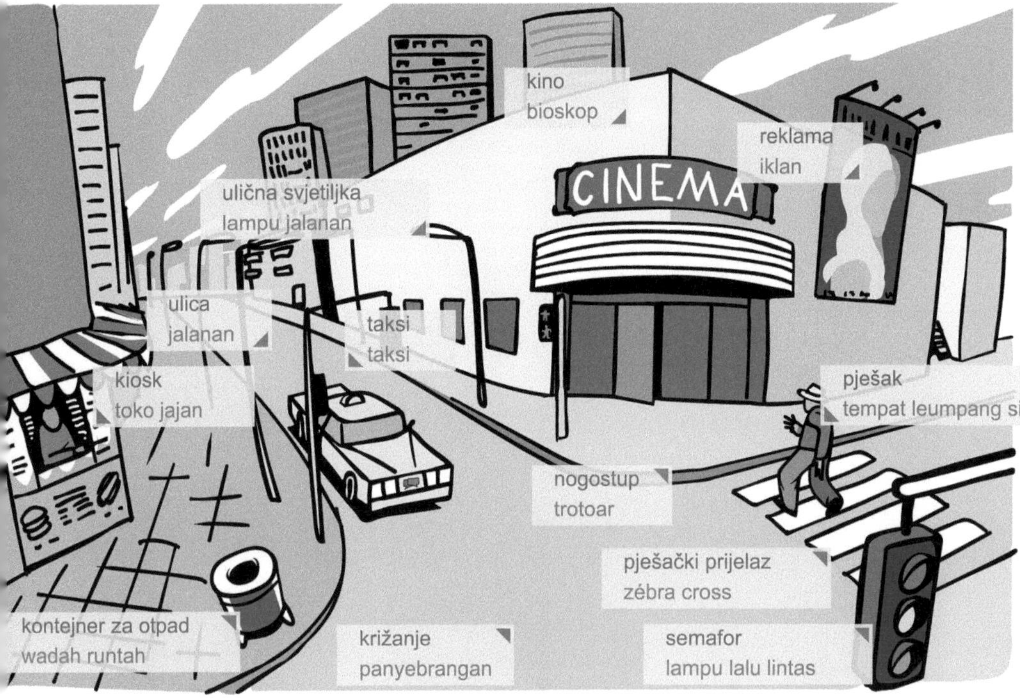

kino
bioskop

reklama
iklan

ulična svjetiljka
lampu jalanan

ulica
jalanan

taksi
taksi

kiosk
toko jajan

pješak
tempat leumpang sis

nogostup
trotoar

pješački prijelaz
zébra cross

kontejner za otpad
wadah runtah

križanje
panyebrangan

semafor
lampu lalu lintas

koliba
gubuk

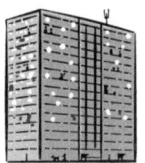

stan
imah flat

kolodvor
stasiun karéta

vijećnica
balai kota

muzej
museum

škola
sakola

grad - kota

sveučilište

univérsitas

banka

bank

bolnica

rumah sakit

hotel

hotél

ljekarna

farmasi

ured

kantor

knjižara

toko buku

prodavaonica

toko

cvjećara

toko kembang

supermarket

supermarkét

trg

pasar

robna kuća

swalayan

ribarnica

nalayan

trgovački centar

pusat balanja

luka

palabuan

grad - kota

park
kebon

klupa
korsi

most
sasak

stepenice
tangga

podzemna željeznica
kareta bawah tanah

tunel
torowongan

autobusna stanica
halte beus

bar
bar

restoran
restoran

poštansko sanduče
kotak surat

ulični znak
tanda jalan

parkirni sat
meteran parkir

zoološki vrt
kebon binatang

bazen
kolam renang

džamija
masigit

grad - kota

 seosko gazdinstvo / pertanian

 zagađenje okoliša / polusi

 groblje / kuburan

 crkva / gareja

 igralište / tempat ulin

 hram / pura

krajolik
pamandangan

- list / daun
- putokaz / panunjuk arah
- put / jalanan
- livada / ladang jukut
- šetač / tukang leumpang
- kamen / batu
- drvo / tangkal
- rijeka / susukan
- trava / jukut
- cvijet / kembang

krajolik - pamandangan

dolina
lengkob

planina
bukit

jezero
tasik

šuma
leuweung

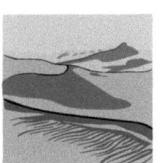

pustinja
gurun

vulkan
gunung marapi

dvorac
karaton

duga
katumbiri

gljiva
suung

palma
tangkal palem

moskito
reungit

muha
laleur

mrav
sireum

pčela
nyiruan

pauk
lamat lancah

krajolik - pamandangan

buba
nyiruan

žaba
bangkong

vjeverica
bajing

jež
landak

zec
kalinci

sova
bueuk

ptica
manuk

labud
soang

divlja svinja
bagong

jelen
kijang

los
kijang

nasip
bendungan

vjetrenjača
turbin angin

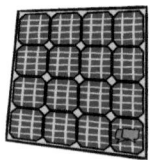
solarna ploča
panél surya

klima
iklim

krajolik - pamandangan

restoran
restoran

konobar
badega

jelovnik
menu

stolica
korsi

pica
pitsa

supa
sop

pribor za jelo
parkakas dahar

stolnjak
taplak

predjelo
hidangan pembuka

glavno jelo
hidapan utama

desert
hidangan penutup

napitci
inuman

jelo
dahareun

boca
botol

restoran - restoran 17

fastfood	imbis hrana	čajnik
dahareun cepat saji	jajanan sisi jalan	téko téh

 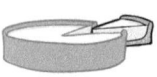 

doza za šećer	porcija	aparat za espresso
wadah gula	porsi	mesin éspréso

visoka stolica	račun	pladanj
korsi jangkung	tagihan	baki

nož	vilica	žlica
péso	garpu	séndok

čajna žlica	ubrus	čaša
séndok téh	serbét	gelas

restoran - restoran

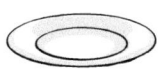  

| tanjur | tanjur za supu | tanjurić |
| piring | mangkok sop | pisin |

 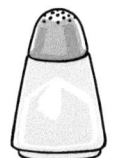 

| sos | soljenka | mlin za biber |
| saos | wadah uyah | panggiling pedes |

  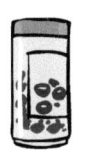 

| ocat | ulje | začini |
| cuka | minyak | bumbu |

| kečap | senf | majoneza |
| saos tomat | mustard | mayonés |

restoran - restoran

supermarket
supermarkét

ponuda
tawaran husus

kupac
klién

mliječni proizvodi
produk susu

voće
buah

kolica za kupnju
troli

mesnica

tukang meuncit

pekarnica

toko roti

vagati

nimbang

povrće

sayur

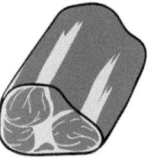

meso

daging

duboko smrznuta hrana

tuangeun beku

supermarket - supermarkét

narezak
alat potong daging

konzerve
dahareun kaléng

sredstvo za pranje
sabun serbuk

slatkiši
permén

artikli za domaćinstvo
perkakas rumah tangga

sredstva za čišćenje
produk pembersih

prodavačica
tukang jualan

blagajna
kasa

blagajnik
kasir

lista za kupnju
daftar balanja

vrijeme rada
jam buka

novčanik
dompét

kreditna kartica
kartu krédit

torba
kantong

plastična vrećica
kantong palastik

supermarket - supermarkét

napitci
inuman

voda
cai

sok
jus

mlijeko
susu

cola
kola

vino
anggur

pivo
arak

alkohol
arak

kakao
coklat

čaj
téh

kava
kopi

espresso
éspréso

cappuccino
kapucino

22 napitci - inuman

jelo
dahareun

banana
pisang

jabuka
apel

naranča
jeruk

lubenica
samangka

limun
lémon

mrkva
wortel

češnjak
bawang bodas

bambus
awi

luk
bawang bombai

gljiva
suung

orašasti plodovi
suuk

rezanci
emih

špagete	riža	salata
spagéti	sangu	salat

pomfrit	pečeni krumpir	pica
kentang goréng	kentang goréng	pitsa

hamburger	sendvič	šnicla
hamburger	roti lapis	sakeureut daging

pršut	salama	kobasica
ham	salami	sosis

kokoš	pečenje	riba
hayam	ngagoreng	lauk

jelo - dahareun

zobene pahuljice
bubur gandum

musli
séréal

kukuruzne pahuljice
cornflakes

brašno
tarigu

roščić
croissant

pecivo
roti

kruh
roti

toast
roti panggang

keksi
biskuit

maslac
mantéga

svježi sir
dadih

kolač
kuéh

jaje
endog

jaje na oko
goréng endog

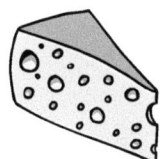
sir
keju

jelo - dahareun

sladoled
eskrim

šećer
gula

med
madu

marmelada
selé

nugat krema
krim coklat

curry
karé

jelo - dahareun

seosko gazdinstvo
pertanian

seoska kuća
imah anjing

sjenik
lumbuh

bale sijena
balé jamari

polje
lapangan

konj
kuda

prikolica
karéta gandéng

ždrijebe
belo

traktor
traktor

magarac
kaldé

lane
domba

ovca
domba

koza
embé

krava
sapi

tele
bitis

svinja
bagong

prase
babi

bik
banténg

guska
soang

patka
éntog

pilići
pitik

kokoš
hayam

pijetao
hayam jago

pacov
beurit

mačka
ucing

miš
beurit

vol
sapi

pas
anjing

kućica za psa
imah anjing

vrtno crijevo
selang

kanta za polijevanje
kaléng nyiram

kosa
arit panjang

plug
ngabajak

srp
arit

motika
pacul

vilica za gnojivo
garpuh jukut

sjekira
kapak

tačke
gorobah

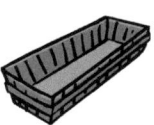

korito
palung

posuda za mlijeko
kaléng susu

vreća
karung

ograda
pager

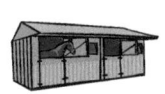

štala
kandang

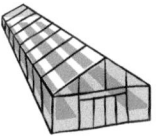

staklenik
imah kaca

zemlja
taneuh

sjeme
benih

gnojivo
pupuk

kombajn
mesin permén

seosko gazdinstvo - pertanian

žanjati
panén

žetva
panén

yams začin
yams

pšenica
gandum

soja
kedelé

krumpir
kentang

kukuruz
jagong

uljana repica
lobak

voćka
tangkal buah

gomolj manioke
sampeu

žitarice
séréal

kuća
imah

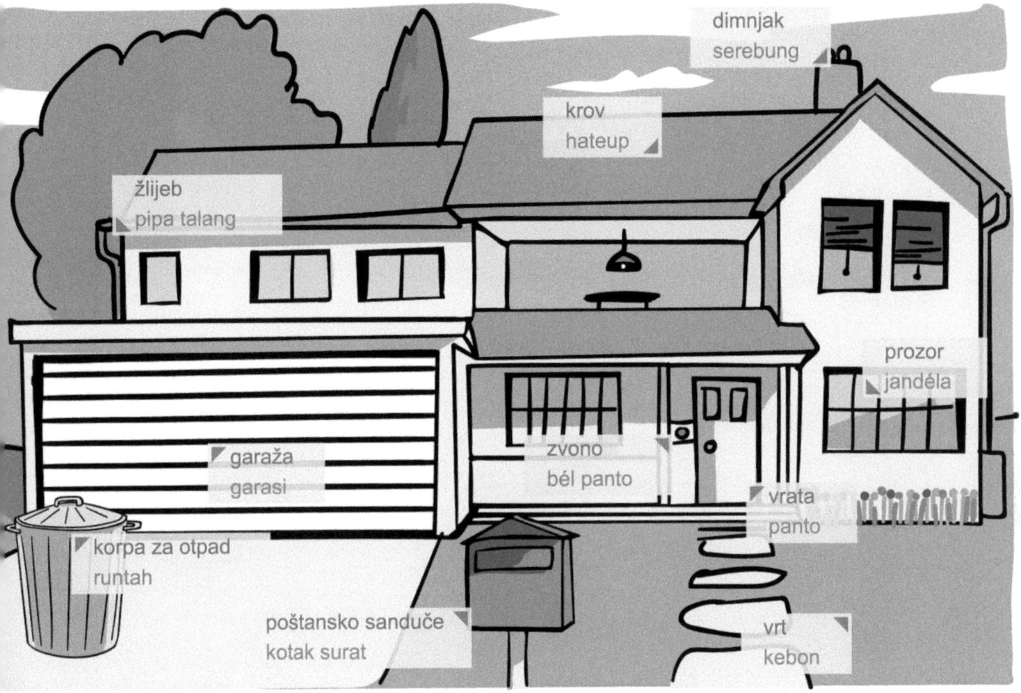

- dimnjak / serebung
- krov / hateup
- žlijeb / pipa talang
- prozor / jandéla
- garaža / garasi
- zvono / bél panto
- vrata / panto
- korpa za otpad / runtah
- poštansko sanduče / kotak surat
- vrt / kebon

dnevna soba
rohang tamu

kupaonica
kamar ibak

kuhinja
dapur

spavaća soba
pangkéng

dječija soba
kamar budak

trpezarija
kamar makan

kuća - imah

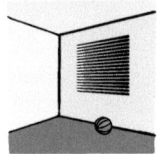
pod
téhel

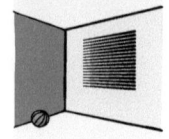
zid
tembok

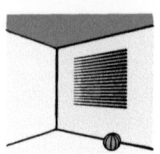
strop
hateup

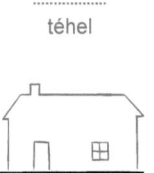
podrum
gudang di handap imah

sauna
sauna

balkon
balkon

terasa
tepas

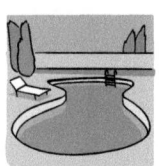
bazen
kolam renang

kosilica za travu
mesin pamotong jukut

posteljina za krevet
sepré

deka za krevet
simbut

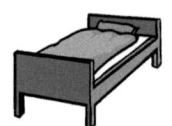
krevet
ranjang

metla
sapu

kanta
émbér

sklopka
tombol

kuća - imah

dnevna soba
rohang tamu

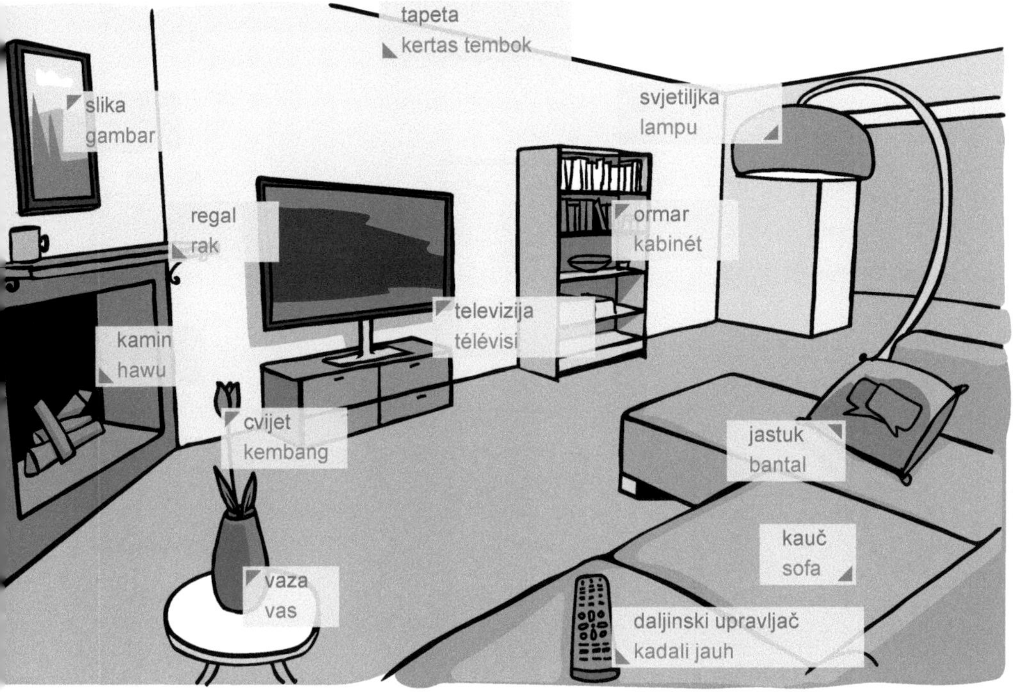

tapeta
kertas tembok

slika
gambar

svjetiljka
lampu

regal
rak

ormar
kabinét

kamin
hawu

televizija
télévisi

cvijet
kembang

jastuk
bantal

kauč
sofa

vaza
vas

daljinski upravljač
kadali jauh

tepih
karpét

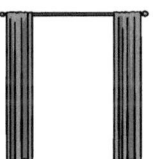

zavjesa
hordéng

stol
meja

stolica
korsi

stolica za njihanje
korsi goyang

fotelja
korsi malas

knjiga
buku

deka
simbut

dekoracija
dékorasi

drvo za ogrjev
suluh

film
pilem

stereo uređaj
hi-fi

ključ
konci

novine
surat kabar

slika na platnu
lukisan

poster
poster

radio
radio

blok za pisanje
buku tulis

usisavač
panyedot kebul

kaktus
kaktus

svijeća
lilin

dnevna soba - rohang tamu

kuhinja
dapur

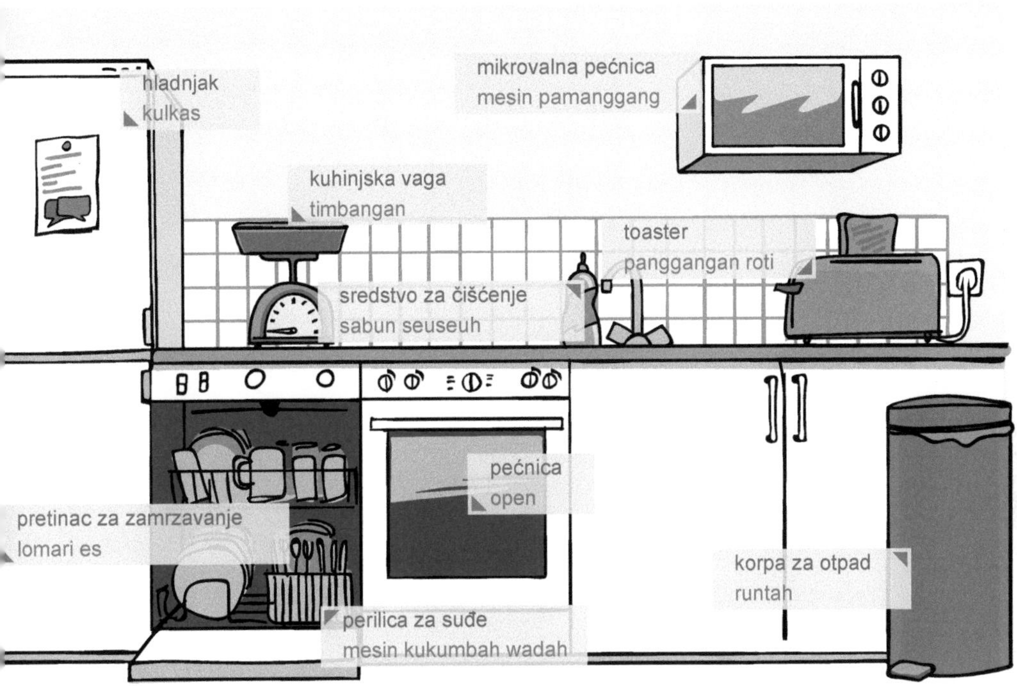

- hladnjak / kulkas
- mikrovalna pećnica / mesin pamanggang
- kuhinjska vaga / timbangan
- toaster / panggangan roti
- sredstvo za čišćenje / sabun seuseuh
- pećnica / open
- pretinac za zamrzavanje / lomari es
- korpa za otpad / runtah
- perilica za suđe / mesin kukumbah wadah

štednjak
kompor

lonac
panci

željezni lonac
panci beusi

wok / kadai
katél

tava
panci

kuhalo za vodu
citél

kuhalo na paru
langseng

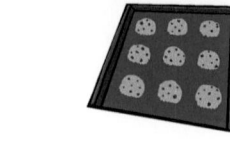
lim za pečenje
baki

posuđe
piring

čaša
cangkir

zdjela
mangkok

štapići za jelo
sumpit

kutljača
sendok sop

lopatica
sérok

pjenjača
pangocok

sito za kuhanje
ayakan

sito
saringan

ribež
parutan

mužar
mortar

roštilj
daging bakar

ognjište
suluh

daska
papan pamotong

oklagija
gilingan

vadičep
alat pambuka tutup botol

konzerva
kaléng

otvarač konzervi
pambuka kaléng

krpa za lonac
gagang panci

sudoper
tilelep

četka
sikat

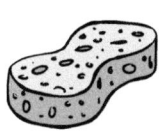
spužva
busa

mikser
blénder

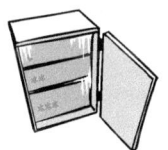
zamrzivač
lomari es

bočica za bebe
botol orok

slavina za vodu
keran

kuhinja - dapur

kupaonica
kamar ibak

tuš
ibak

grijanje
mesin pamanas

ručnik
anduk

zavjesa za tuš
hordeng kamar ibak

pjenušava kupka
mandi busa

kada
bak mandi

čaša
gelas

perilica za rublje
mesin cuci

slavina za vodu
keran

pločice
téhel

dječja kahlica
pispot

sudoper
tilelep

toalet
jamban

čučavac
cubluk

bidet
bidét

pisoar
urinal

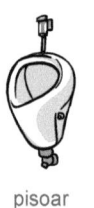

papir za toalet
kertas jamban

četka za toalet
sikat jamban

četkica za zube
sikat huntu

pasta za zube
odol

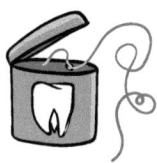

konac za zube
benang gigi

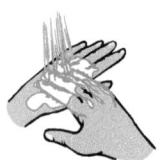

prati
nyeuseuh

tuš ručica
kokocoran leungeun

tuš za pranje intimnih dijelova
kukucuran

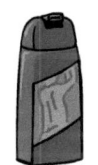

lavor
bak

četka za pranje leđa
panyikat tonggong

sapun
sabun

gel za tuširanje
gel ibak

šampon
sampo

krpa za pranje
planél

odvod
nguras

krema
krim

dezodorans
déodoran

kupaonica - kamar ibak

ogledalo
eunteung

kozmetičko ogledalo
eunteung leungeun

brijač
péso cukur

pjena za brijanje
busa cukur

losion za poslije brijanja
krim cukur

češalj
sisir

četka
sikat

sušilo za kosu
alat panggaring rambut

sprej za kosu
semprotan rambut

makeup
pangrias beungeut

ruž za usne
lipstik

lak za nokte
cét kuku

vata
kapas

škare za nokte
gunting kuku

parfem
minyak seungit

kupaonica - kamar ibak

neseser
kantong seuseuh

stolica
bangku

vaga
timbangan

ogrtač
baju mandi

rukavice za čišćenje
sarung tangan karét

tampon
sampon

uložak
handuk pembalut

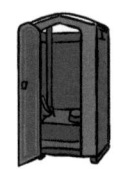
kemijski toalet
jamban kimia

kupaonica - kamar ibak

dječija soba
kamar budak

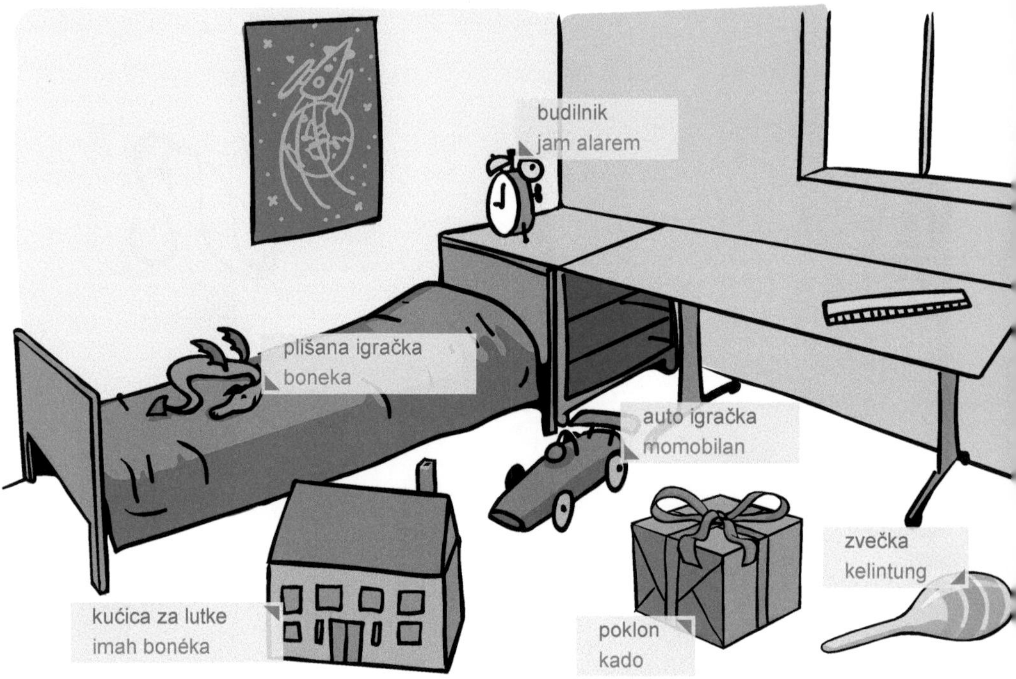

budilnik
jam alarem

plišana igračka
boneka

auto igračka
momobilan

zvečka
kelintung

kućica za lutke
imah bonéka

poklon
kado

balon
balon

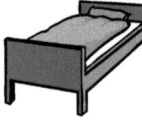

krevet
ranjang

dječija kolica
karéta orok

igra s kartama
kartu

slagalica
tatarucingan

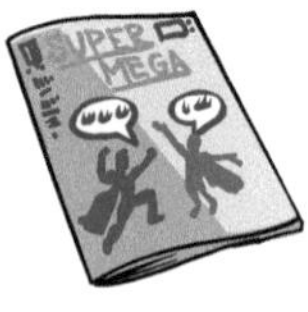

strip
komik

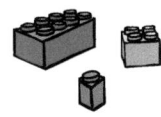

lego kockice
kaulinan lego

kockice za slaganje
kaulinan bentuk blok

akcioni junak
figur tokoh

kombinezon za bebe
baju budak

frizbi
frisbee

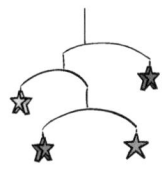

viseće igračke
mobile

društvene igre
papan gim

kocka
dadu

minijaturna željeznica
set model kareta api

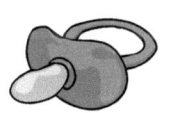

duda
endot

tulum
pihak

slikovnica
buku gambar

lopta
bal

lutka
bonéka

igrati
ulin

dječija soba - kamar budak

pješčanik
wadah pasir maénan

ljuljačka
ayunan

igračka
kaulinan

konzola za igre
video gim konsol

tricikl
sapedah roda tilu

plišani medo
bonéka beruang

ormar
lomari baju

odjeća
acuk

kratke čarape
kaos kaki

čarape
kaos kaki

hulahopke
baju ketat

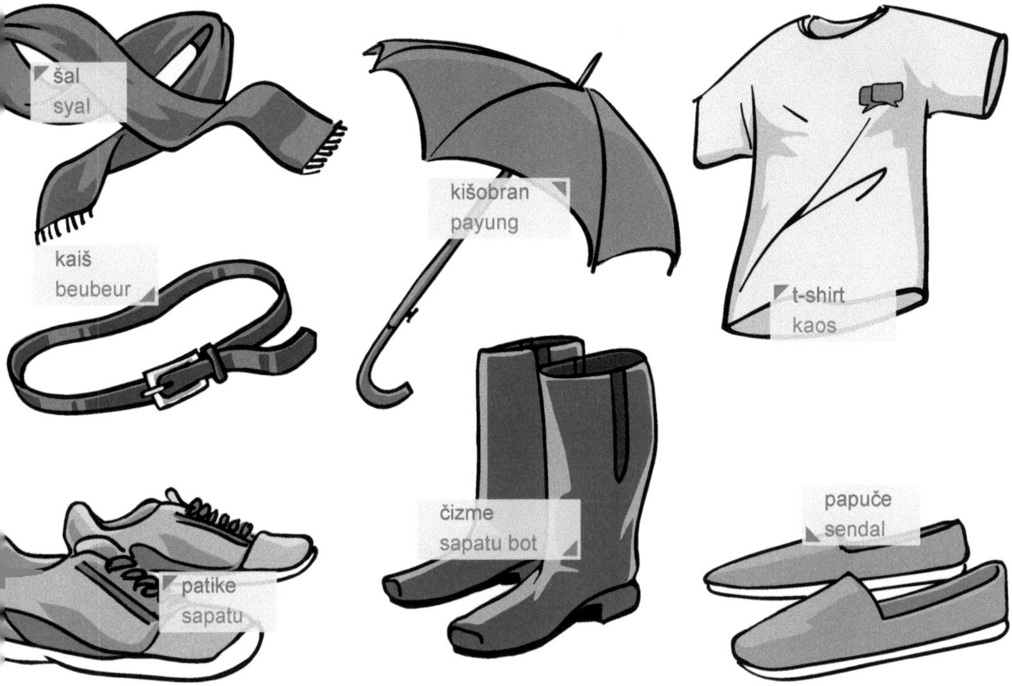

šal
syal

kaiš
beubeur

kišobran
payung

t-shirt
kaos

čizme
sapatu bot

papuče
sendal

patike
sapatu

sandale
sendal

cipele
sapatu

gumene čizme
sapatu bot karét

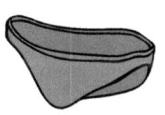

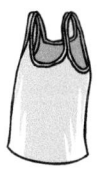

gaćice
cangcut

grudnjak
kutang

potkošulja
baju rompi

odjeća - acuk

bodi	hlače	džins
awak	calana	jins

haljina	bluza	košulja
rok	blus	kaméja

džemper	pulover s kapuljačom	blejzer
jakét tiung	baju haneut	jakét

jakna	kaput	kabanica
jakét	jakét	jas hujan

kostim	haljina	vjenčanica
kostum	gaun	gaun pangantén

odjeća - acuk

odijelo
baju resmi

spavaćica
baju saré

pidžama
piyama

sari
sari

rubac
tiung

turban
turban

burka
burka

kaftan
kaftan

abaja
abaya

kupaći kostim
baju renang

kupaće gaćice
calana renang

kratke hlače
calana péndék

odjeća za trening
orang raga

pregača
celemék

rukavice
sarung tangan

odjeća - acuk

gumb	naočale	narukvica
kancing	kaca soca	gelang

ogrlica	prsten	naušnica
kongkorong	ali	giwang

kapa	vješalica	šešir
topi	gantungan jakét	topi

kravata	patent zatvarač	kaciga
dasi	risléting	hélem

naramenice	školska uniforma	uniforma
tali salémpang	saragam sakola	saragam

odjeća - acuk

podbradak
apron orok

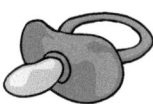
duda
endot

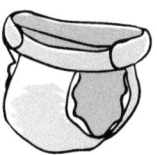
pelena
popok

ured
kantor

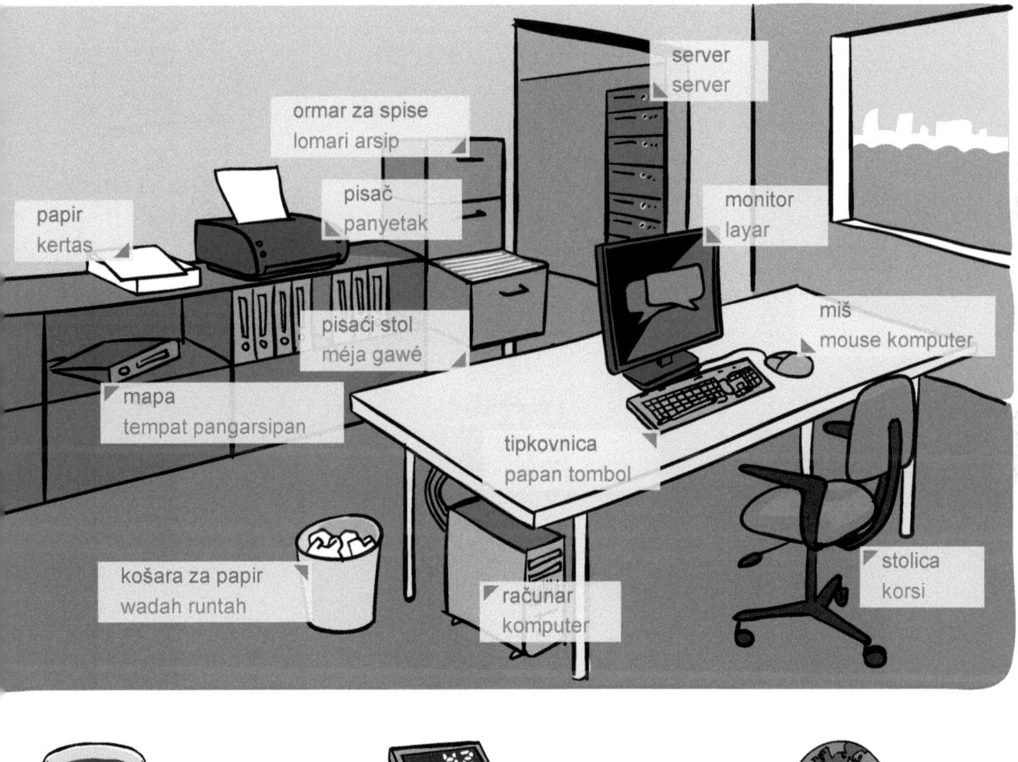

server
server

ormar za spise
lomari arsip

pisač
panyetak

papir
kertas

monitor
layar

pisaći stol
méja gawé

miš
mouse komputer

mapa
tempat pangarsipan

tipkovnica
papan tombol

košara za papir
wadah runtah

računar
komputer

stolica
korsi

šalica za kavu
cangkir kopi

kalkulator
kalkulator

internet
internét

ured - kantor

laptop	pismo	poruka
laptop	surat	pesen

mobilni telefon	mreža	uređaj za kopiranje
telpon sélulér	jaringan	fotokopi

softver	telefon	utičnica
software	telpon	plug sokét

 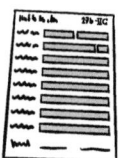 

faks	obrazac	dokument
mesin fax	formulir	dokumén

ured - kantor

gospodarstvo
ékonomi

kupovati
mésér

platiti
mayar

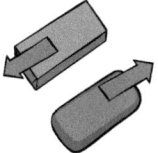
trgovati
dagang

novac
artos

dolar
dollar

euro
euro

jen
yen

rubalj
rubel

švicarski franak
Franc swiss

renmindbi yuan
renminbi yuan

rupija
rupiah

automat za novac
ATM

mjenjačnica
kantor pertukaran mata uang

zlato
emas

srebro
pérak

nafta
minyak

energija
énérgi

cijena
harga

ugovor
kontrak

porez
pajak

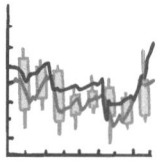
dionica
saham

raditi
gawé

službenik
karyawan

poslodavac
dunungan

tvornica
pabril

prodavaonica
toko

gospodarstvo - ékonomi

zanimanja
pagawéan

policajac
petugas pulisi

vatrogasac
pemadam kebakaran

kuhar
koki

liječnik
dokter

pilot
pilot

vrtlar
tukan kebon

stolar
tukang kai

krojačica
tukang jait awéwé

sudija
hakim

kemičar
ahli kimia

glumac
aktor

vozač autobusa	vozač taksija	ribar
sopir beus	sopir taksi	nalayan

čistačica	krovopokrivač	konobar
pembantu	tukang hateup	badega

lovac	slikar	pekar
tukang muru	pelukis	tukang roti

električar	građevinski radnik	inženjer
tukang listrik	tukang bangun	insinyur

mesar	limar	poštar
tukang daging	tukang pipa	tukang pos

zanimanja - pagawéan

vojnik tentara	arhitekta arsiték	blagajnik kasir

cvjećar tukang kembang	frizer tukang salon	kondukter konduktor

mehaničar tukang méngkél	kapetan kaptén	zubar dokter gigi

znanstvenik ilmuwan	rabi rabbi	imam imam

monah biarawan	svećenik pendéta	

alati
alat

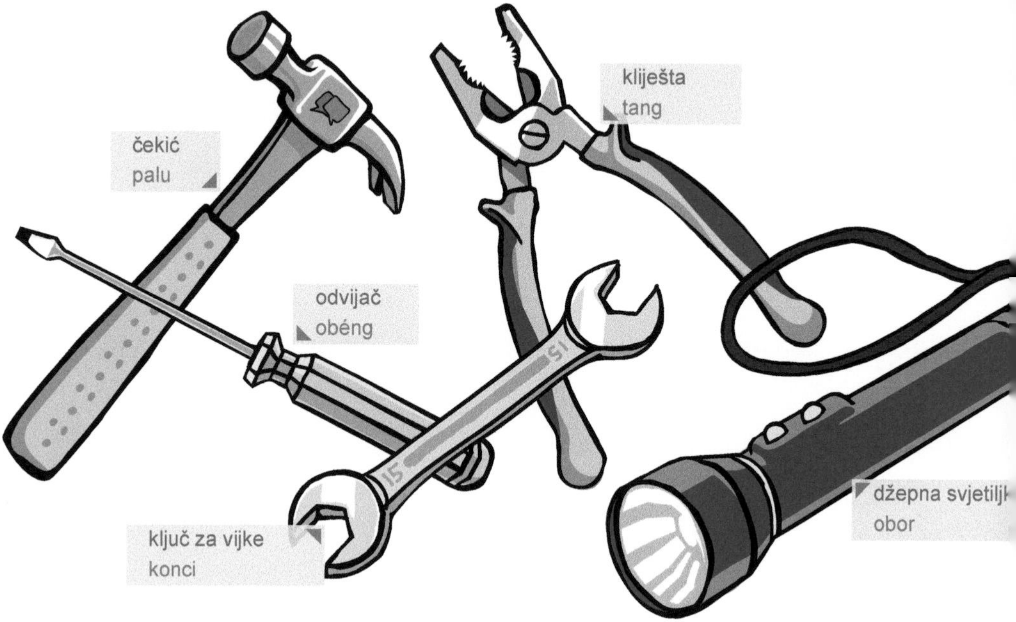

čekić
palu

kliješta
tang

odvijač
obéng

ključ za vijke
konci

džepna svjetiljka
obor

rovokopač
panggali

kutija za alat
kantong parkakas

ljestve
tangga

pila
ragaji

ekser
paku

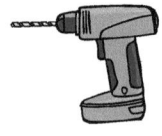

bušilica
bor

popraviti
ngabenerkeun

lopata
sekop

Sranje!
Kéhéd!

lopatica
pengki

lonac za boju
pot cét

vijci
sekrup bor

glazbeni instrument
alat musik

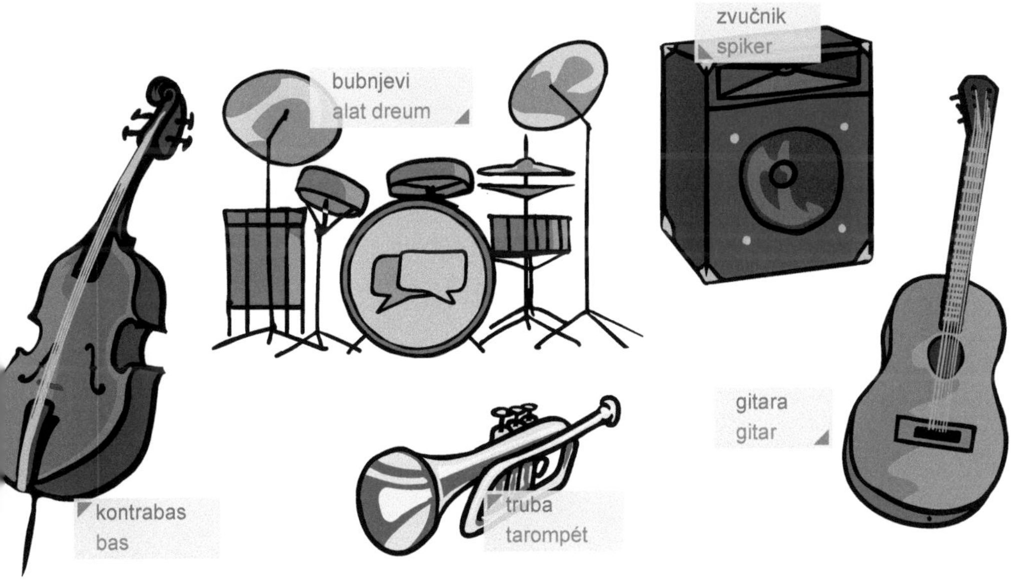

- zvučnik / spiker
- bubnjevi / alat dreum
- kontrabas / bas
- truba / tarompét
- gitara / gitar

klavir	violina	bas
piano	violin	bas

timpani	udaraljke za bubnjeve	keyboard
tambur	dreum	keyboard

saksofon	flauta	mikrofon
saksofon	suling	mikrofon

glazbeni instrument - alat musik

zoološki vrt
kebon binatang

- tigar / maung
- kavez / kandang
- zebra / sebra
- ulaz / panto asup
- hrana za životinje / parab
- panda / panda

životinje
sato

slon
gajah

kengur
kanguru

nosorog
badak

gorila
gorila

medvjed
biruang

zoološki vrt - kebon binatang

kamila
onta

noj
manuk onta

lav
singa

majmun
monyét

flamingo
flamingo

papagaj
manuk béo

polarni medvjed
biruang polar

pingvin
penguin

ajkula
hiu

paun
merak

zmija
oray

krokodil
buaya

čuvar u zoološkom vrtu
tukang jaga kebon binatang

tuljan
anjing laut

jaguar
jaguar

poni	leopard	nilski konj
kuda poni	macan tutul	kuda nil

žirafa	orao	divlja svinja
jerapah	heulang	bagong

riba	kornjača	morž
lauk	kuya	anjing laut

lisica	gazela
robah	kijang

zoološki vrt - kebon binatang

šport
olahraga

aktivnosti
aktivitas

- smijati se / seuri
- zagrliti / nangkeup
- ići / leumpang
- skočiti / aganjleng
- pjevati / nyanyi
- sanjati / ngimpén
- moliti se / ngadoa
- poljubiti / nyium

pisati
nyerat / nulis

crtati
ngalukis

pokazati
ningalikeun

gurati
ngadorong

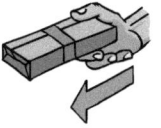

dati
méré

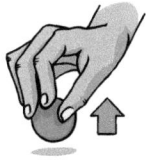

uzeti
mawa

imati
boga

činiti
ngalakukeun

biti
nya éta

stojati
tatih

trčati
lumpat

povlačiti
narik

baciti
malédog

padati
ragrag

ležati
saré

čekati
nungguan

nositi
nyandak

sjediti
diuk

oblačiti
anggé acuk

spavati
saré

probuditi se
hudang

aktivnosti - aktivitas

gledati
ningali

plakati
méwék

milovati
ngusapan

češljati
nyisir

govoriti
nyarita

razumjeti
ngarti

pitati
naros

slušati
ngadéngé

piti
nginum

jesti
dahar

pospremiti
bébérés

voljeti
bogoh

kuhati
masak

voziti
nyetir

letjeti
hiber

aktivnosti - aktivitas

ploviti
balayar

računati
ngitung

čitati
maca

učiti
diajar

raditi
gawé

vjenčati se
kawin

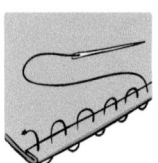

šiti
ngajait

prati zube
sikat huntu

ubiti
maéhan

pušiti
ngarokok

poslati
ngirim

aktivnosti - aktivitas

obitelj
kulawarga

baka / nini
djed / aki
otac / bapak
majka / emak
beba / orok
kćerka / budak awéwé
sin / budak lalaki

gost
tamu

tetka
bibi

ujak, stric
emang

brat
aa

sestra
tétéh

tijelo
awak

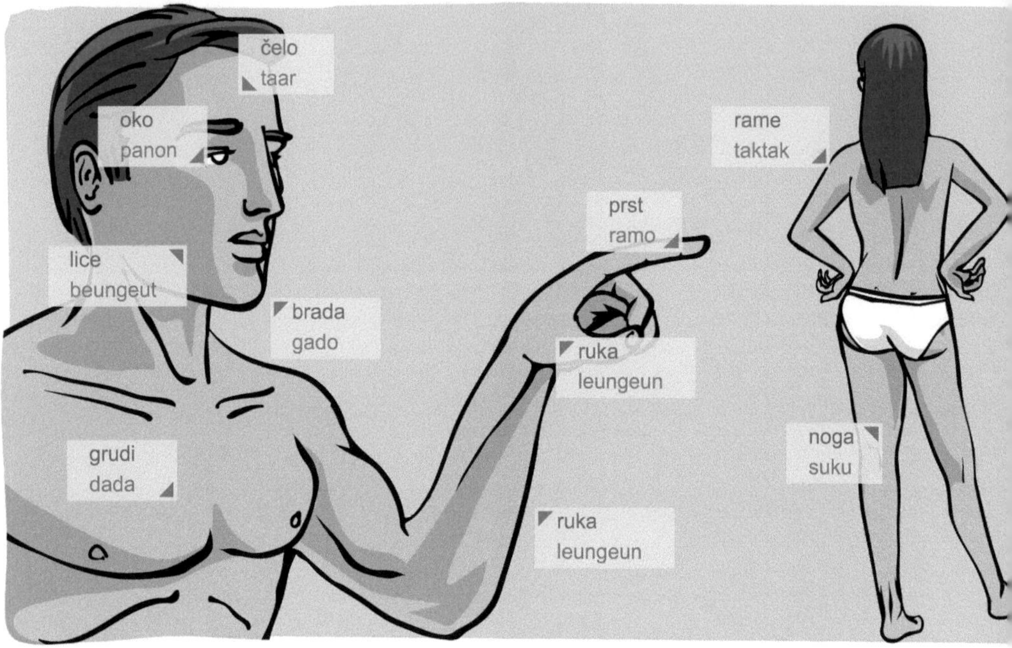

čelo
taar

oko
panon

rame
taktak

prst
ramo

lice
beungeut

brada
gado

ruka
leungeun

noga
suku

grudi
dada

ruka
leungeun

beba
orok

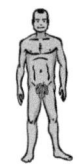

muškarac
lalaki

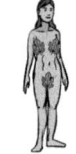

žena
awéwé

djevojčica
awéwé

dječak
lalaki

glava
sirah

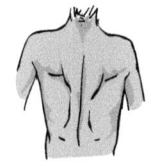	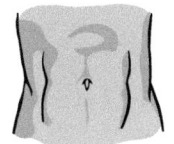	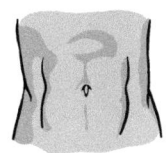
leđa	trbuh	pupak
tonggong	beuteung	bujal
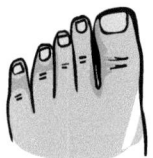	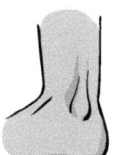	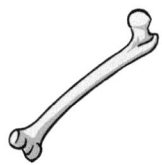
nožni prst	peta	kost
jempol	keuneung	tulang
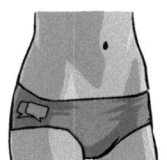	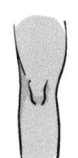	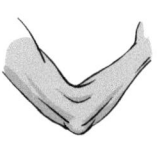
kuk	koljeno	lakat
cangkéng	tuur	sikut
	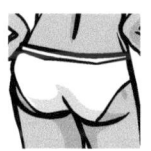	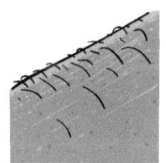
nos	stražnjica	koža
irung	bujur	kulit
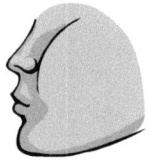	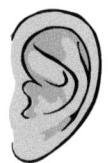	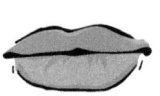
obraz	uho	usna
pipi	ceuli	biwir

tijelo - awak

usta
baham

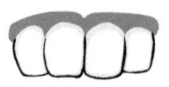
zub
huntu

jezik
létah

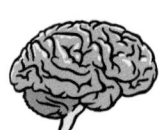
mozak
uteuk

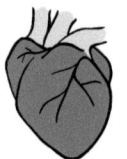
srce
haté

mišić
otot

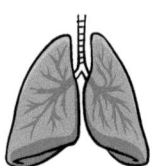
pluća
bayah

jetra
ati

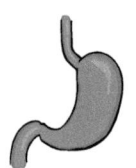
želudac
lambung

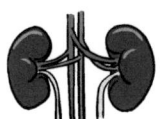
bubrezi
ginjal

snošaj
sapatemon

kondom
kondom

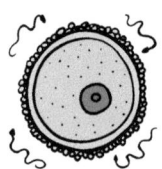
jajna stanica
sél telur

sperma
spérma

trudnoća
kakandungan

tijelo - awak

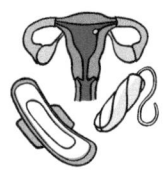
menstruacija
haid

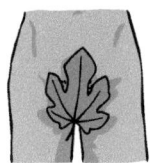
vagina
heunceut

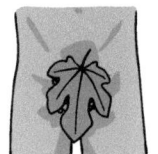
penis
sirit

obrva
halis

kosa
buuk

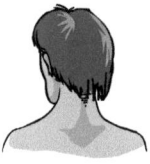
vrat
beuheung

tijelo - awak

bolnica
rumah sakit

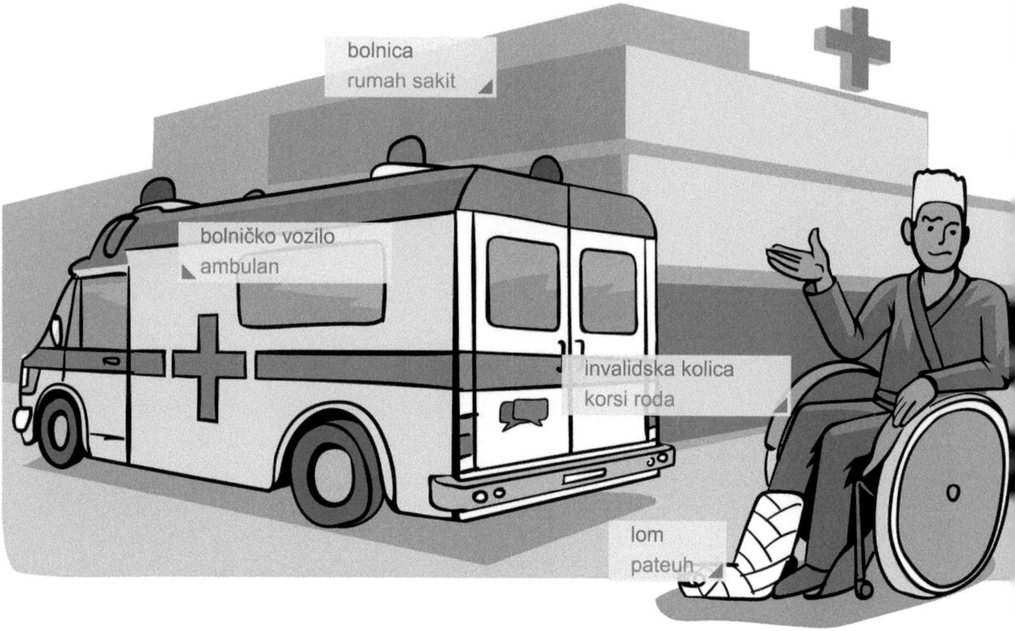

bolnica
rumah sakit

bolničko vozilo
ambulan

invalidska kolica
korsi roda

lom
pateuh

liječnik

dokter

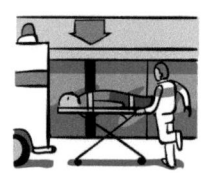

hitna medicinska služba

rohang darurat

medicinska sestra

parawat

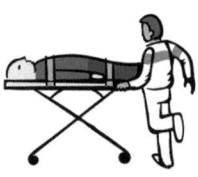

hitni slučaj

darurat

nesvijest

pingsan

bol

nyeri

bolnica - rumah sakit

ozljeda
tatu

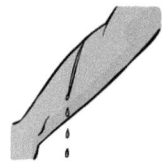
krvarenje
ngaluarkeun getih

srćani infarkt
jantungan

moždani udar
strok

alergija
alérgi

kašalj
batuk

groznica
muriang

gripa
salésma

proljev
birit

glavobolja
rieut

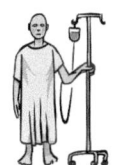
rak
kanker

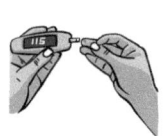
dijabetes
diabétés

kirurg
ahli bedah

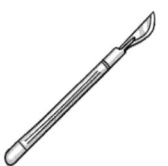
skalpel
péso bedah

operacija
operasi

bolnica - rumah sakit

	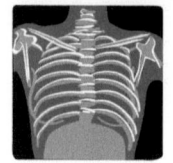	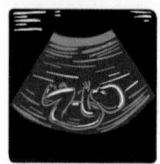
ct CT	rentgen sinar x	ultrazvuk usg

maska topéng	bolest panyakit	čekaonica rohang tunggu

štaka pangrojong	flaster paléstér	zavoj perban
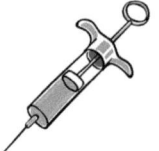	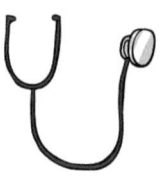	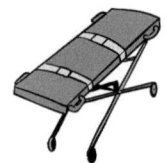
injekcija injéksi	stetoskop stétoskop	nosilo tandu

termometar termométer klinis	rođenje kalahiran	prekomjerna težina obésitas

slušni aparat / alat bantu dédéngéan

sredstvo za dezinfekciju / désinféktan

infekcija / inféksi

virus / virus

hiv / sida / HIV / AIDS

medicina / obat

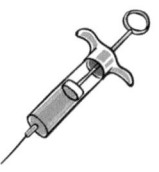 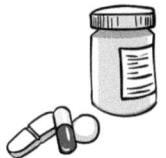 

vakcinacija / vaksinasi

tablete / tablét

pilula / pil

poziv u pomoć / panggilan darurat

uređaj za mjerenje tlaka / ngukur ténsi

bolesno / zdravo / gering / séhat

hitni slučaj
darurat

pomoć!	alarm	nasrtaj
Tulung!	alarem	gangguan

napad	opasnost	izlaz za nuždu
narajang	bahaya	panto darurat

požar!	vatrogasni aparat	nezgoda
Seuneu!	alat pemadam kabakaran	kacilakaan
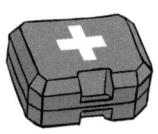		
kofer prve pomoći	sos	policija
kotak P3K	SOS	pulisi

zemlja
Bumi

Europa
Eropa

sjeverna amerika
Amérika Utara

južna amerika
Amérika Selatan

Afrika
Afrika

Azija
Asia

Australija
Australi

Atlantik
Atlantik

Pacifik
Pasifik

ocean
Samudra Hindia

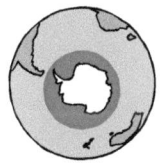

antarktički ocean
Samudra Antartika

arktički ocean
Samudra Arktik

sjeverni pol
Kutub Utara

| južni pol | Antarktik | zemlja |
| Kutub Selatan | Antartika | Bumi |

  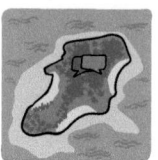

| zemlja | more | otok |
| tanah | laut | pulau |

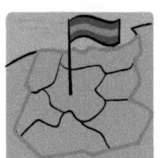 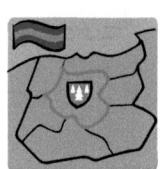

| nacija | država |
| bangsa | nagara |

sat
jam

brojčanik sata

jam wajah

satna kazaljka

jarum péndék

minutna kazaljka

jarum menit

sekundna kazaljka

jarum detik

Koliko je sati?

Tabuh sabaraha?

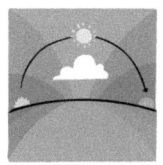

dan

poé

vrijeme

waktos

sada

ayeuna

digitalni sat

jam digital

minuta

menit

sat

jam

tjedan
minggu

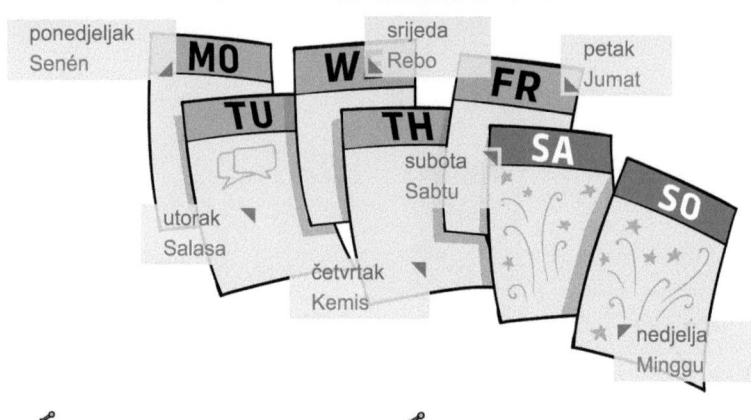

ponedjeljak / Senén — MO
utorak / Salasa — TU
srijeda / Rebo — W
četvrtak / Kemis — TH
petak / Jumat — FR
subota / Sabtu — SA
nedjelja / Minggu — SO

jučer
kamari

danas
dinten ayeuna

sutra
énjing

jutro
énjing-énjing / isuk-isuk

podne
siang

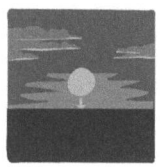

večer
peuting

radni dani
poé gawé

vikend
akhir minggu

godina
taun

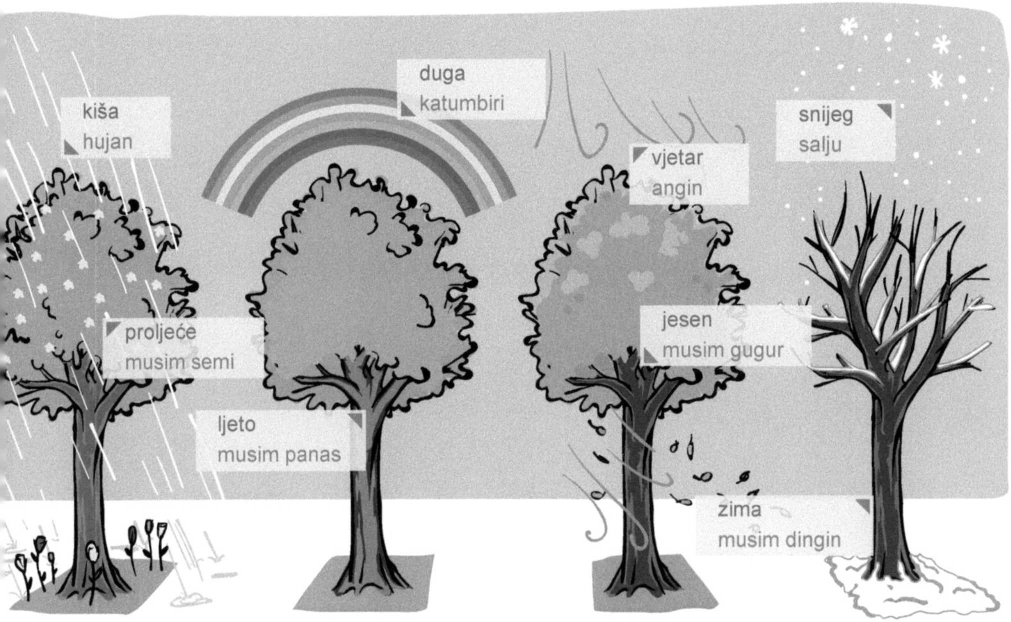

kiša
hujan
duga
katumbiri
snijeg
salju
vjetar
angin
proljeće
musim semi
jesen
musim gugur
ljeto
musim panas
zima
musim dingin

4.APRIL 11°
5.APRIL 4°
6.APRIL 13°
7.APRIL 8°
8.APRIL 10°

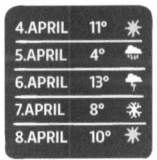

meteorološka prognoza

ramalan cuaca

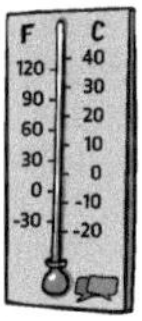

F C
120 40
90 30
60 20
30 10
0 0
-30 -10
-20

termometar

térmométer

sunčana svjetlost

panon poé

oblak

awan

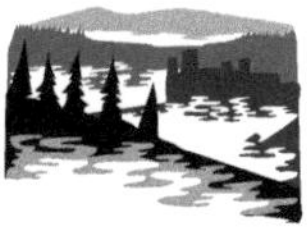

magla

pepedut

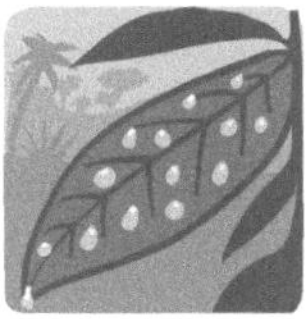

vlažnost zraka

kelembaban

munja
gelap

grmljavina
guntur

oluja
badai

tuča
hujan és

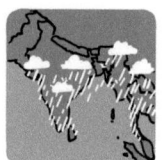
monsun
angin muson

poplava
caah

led
és

siječanj
Januari

veljača
Pébruari

ožujak
Maret

travanj
April

svibanj
Mei

lipanj
Juni

srpanj
Juli

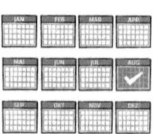
kolovoz
Agustus

godina - taun

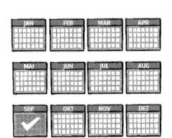
rujan
Séptémber

listopad
Oktober

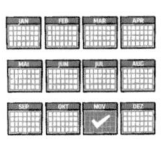
studeni
Nopémber

prosinac
Désémber

oblici
bentuk

krug
buleudan

kvadrat
persegi

pravokutnik
persegi panjang

trokut
segi tiga

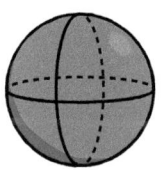
kugla
bola

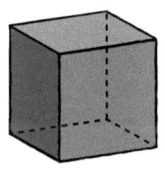
kocka
kubus

boje
warna-warna

bijela
bodas

žuta
konéng

narančasta
oranyeu

ružičasta
kayas

crvena
beureum

ljubičasta
bungur

plava
bulao

zelena
héjo

smeđa
coklat

siva
abu-abu

crna
hideung

suprotnosti
sabalikna

mnogo / malo
loba / saeutik

ljutito / mirno
ambek / kalem

lijepo / ružno
geulis / goreng

početak / kraj
ngamimitian / réngsé

veliko / maleno
gedé / leutik

svijetlo / tamno
caang / poék

brat / sestra
dulur lalaki / dulur awéwé

čisto / prljavo
bersih / kotor

potpuno / nepotpuno
lengkep / teu lengkep

dan / noć
poé / peuting

mrtvo / živo
paéh / hirup

široko / usko
lega / heureut

jestivo / nejestivo

bisa didahar / teu bisa didahar

zlo / dobro

jahat / bageur

uzbuđeno / dosadno

sumanget / bosen

debelo / mršavo

badag / begang

na početku / na kraju

kahiji / terakhir

prijatelj / neprijatelj

baturan / musuh

puno / prazno

pinuh / kosong

tvrdo / mekano

heuras / lemes

teško / lagano

beurat / hampang

glad / žeđ

kalaparan / haus

bolesno / zdravo

gering / séhat

ilegalno / legalno

ilegal / legal

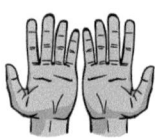

pametno / glupo

calakan / bodo

lijevo / desno

kénca / katuhu

blizu / daleko

deukeut / jauh

suprotnosti - sabalikna

novo / rabljeno
anyar / urut

ništa / nešto
euweuh nanaon / aya nanaon

staro / mlado
kolot / ngora

uključeno / isključeno
hurung / pareum

otvoreno / zatvoreno
buka / tutup

tiho / glasno
jempé / gandéng

bogato / siromašno
beunghar / sangsara

točno / pogrešno
bener / salah

hrapavo / glatko
kasar / lemes

tužno / sretno
sedih / gumbira

kratko / dugo
pendék / panjang

polako / brzo
alon / gancang

mokro / suho
baseuh / garing

toplo / hladno
haneut / tiis

rat / mir
perang / damai

suprotnosti - sabalikna

brojevi
angka-angka

0
nula
nol

1
jedan
hiji

2
dva
dua

3
tri
tilu

4
četiri
opat

5
pet
lima

6
šest
genep

7
sedam
tujuh

8
osam
dalapan

9
devet
salapan

10
deset
sapuluh

11
jedanaest
sawelas

12

dvanaest
duawelas

13

trinaest
tiluwelah

14

četrnaest
opatwelas

15

petnaest
limawelas

16

šestnaest
genepwelas

17

sedamnaest
tujuhwelas

18

osamnaest
dalapanwelas

19

devetnaest
salapanwelas

20

dvadeset
duapuluh

100

stotinu
saratus

1.000

tisuću
sarébu

1.000.000

milijun
sajuta

jezici
basa-basa

engleski
Inggris

američko engleski
basa Inggris Amerika

kinesko mandarinski
basa Cina Mandarin

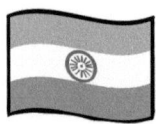

hindi
basa Hindi

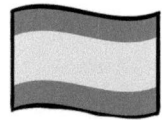

španjolski
basa Spanyol

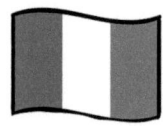

francuski
basa Perancis

arapski
basa Arab

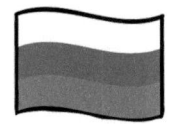

ruski
basa Rusia

portugalski
basa Portugis

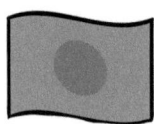

bengalski
basa Bengal

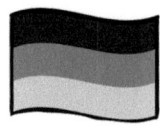

njemački
basa Jerman

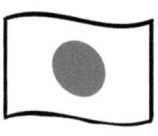

japanski
basa Jepang

tko / što / kako
saha / naon / kumaha

ja
urang

ti
manéh

on / ona / ono
anjeunna / manéhna

mi
arurang

vi
maranéh

oni
aranjeunna / maranéhna

tko?
saha?

što?
naon?

kako?
kumaha?

gdje?
di mana?

kada?
iraha?

ime
wasta / ngaran

gdje
di mana

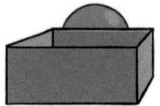

iza
di tukang

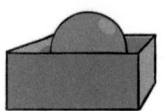

u
di

ispred
di hareup

preko
di luhureun

na
di luhur

ispod
di handapeun

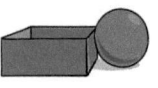

pored
di gigir

između
antawis

mjesto
tempat